AMÉLIORATIONS

A OBTENIR DANS

L'EXPLOITATION THÉATRALE

EN FRANCE.

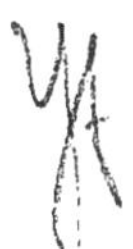

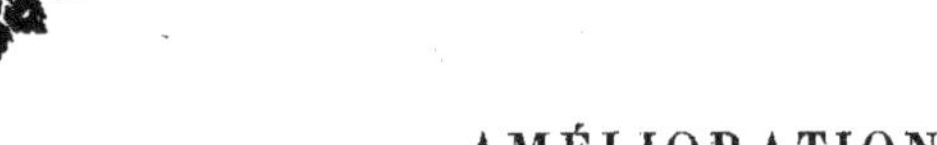

AMÉLIORATIONS

A OBTENIR DANS

L'EXPLOITATION THÉATRALE

EN FRANCE,

PAR JULES-HENRY VACHOT,

DIRECTEUR DU THÉATRE DE VERSAILLES.

A SA MAJESTÉ NAPOLÉON III,

EMPEREUR DES FRANÇAIS.

VERSAILLES,

IMPRIMERIE DE MONTALANT-BOUGLEUX,

6, avenue de Sceaux.

1854.

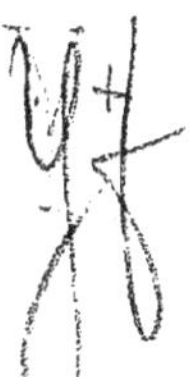

AMÉLIORATIONS

A OBTENIR DANS

L'EXPLOITATION THÉATRALE

EN FRANCE,

PAR JULES-HENRY VACHOT,

DIRECTEUR DU THÉATRE DE VERSAILLES.

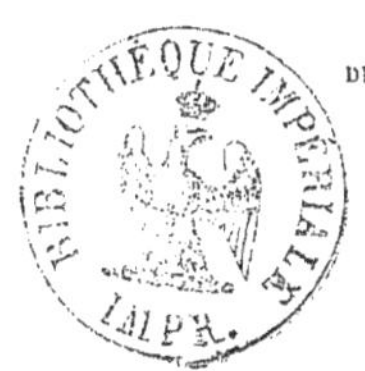

—o❋o—

A SA MAJESTÉ NAPOLÉON III,

EMPEREUR DES FRANÇAIS.

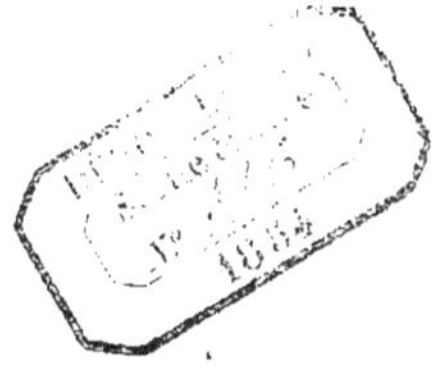

—o❋o—

VERSAILLES,

IMPRIMERIE DE MONTALANT-BOUGLEUX,

6, avenue de Sceaux.

1854.

A SA MAJESTÉ NAPOLÉON III,

EMPEREUR DES FRANÇAIS.

SIRE,

La tâche que je vais entreprendre est difficile; beaucoup d'écrivains de talent ont écrit sur le Théâtre, et jusqu'à ce jour, soit que leurs observations n'aient point été entendues, ou qu'elles soient diffuses, l'expérience manquant à leur raisonnement, aucun résultat heureux n'est survenu, et l'Art dramatique en France se meurt chaque jour!........ l'Art dramatique, ce levier puissant offert à l'intelligence, ce levier commercial qui emploie toutes les branches de l'industrie, qui fait vivre tant de familles! l'Art dramatique péri-

rait ! Non ! il faut un appel au Chef de l'Etat, au
Protecteur des arts ! Je le lui adresse avec cou-
rage, plein de confiance dans sa noble sollicitude
pour la grande phalange artistique; et j'ose espérer
de sa puissante intervention la réalisation d'un
grand projet :

La Régénération de l'Art Dramatique en France.

Daignez recevoir l'expression du profond res-
pect avec lequel j'ai l'honneur d'être,

Sire,

De Votre Majesté

Le très humble, très obéissant et

très fidèle sujet,

Jules-Henry **VACHOT.**

Versailles, ce 26 juillet 1854.

AMÉLIORATIONS

A OBTENIR DANS

L'EXPLOITATION THÉATRALE

EN FRANCE.

QUESTIONS A RÉSOUDRE :

1.° Un Théâtre est-il utile dans une ville de province ?

2.° L'Administration municipale, qui impose ses conditions, doit-elle le soutenir?

Ces deux premières questions, faites et refaites depuis
long-temps, résolues, discutées dans tous les journaux,
n'ont amené aucun résultat, parce que peut-être n'ont-
elles jamais été adressées directement à qui pouvait les
résoudre ; ce que je fais aujourd'hui en demandant un décret qui fixe positivement la position, les droits de chacun.
L'expérience m'a fait connaître le mal, désirer le bien;
je vais essayer de l'indiquer, laissant pour juge Celui qui
doit nous dicter des lois et améliorer notre position.

L'utilité d'un Théâtre en province est incontestable ;
c'est une des plus agréables récréations pour la population
des villes, en même temps qu'elle est, *et pourrait devenir*

encore la plus instructive. C'est ensuite un lieu autorisé,
surveillé; et bien certainement les désordres, les rixes, les
querelles qui amènent de si fâcheux résultats dans les
endroits publics, seraient moins nombreux si le Théâtre
était plus fréquenté, si l'accès en était plus facile à
toutes les bourses. L'utilité étant reconnue, il s'agit de la
question plus délicate relative à l'administration municipale.

L'administration municipale doit-elle le soutenir?

Cette seconde question paraît résolue, puisque beaucoup de villes accordent une subvention ! Elle n'est qu'é-
ludée à l'aide de quelques mille francs votés par les ad-
ministrations municipales; car, qu'appelle-t-on soutenir
un Théâtre, soutenir une institution reconnue utile, in-
dispensable à la société? Ce n'est pas seulement donner à
l'avance telle ou telle somme, *reconnue aussi d'avance insuf-
fisante,* mais bien lui venir en aide au besoin, au moment
du désastre; et c'est ce qui ne se fait jamais ou bien rare-
ment, et toujours d'une façon restreinte. Voici donc, je
crois, ce qui devrait être, ce qui serait salutaire, équitable
et avantageux à l'art dramatique, que l'on laisse dépérir
faute de lois qui le régissent. De là des banqueroutes, des
misères, du scandale, de la honte sur une institution qui
devrait être honorée, puisqu'elle a pour base l'intelligence
et la reproduction des œuvres de nos grands auteurs et
des hommes éminents de l'époque.

Le Théâtre en Province tel qu'il est.

Une ville de province affiche la vacance de son Théâtre;
la foule des entrepreneurs dramatiques adressent leurs

demandes à l'autorité ; tous font les plus pompeuses promesses ; l'essentiel, d'abord, c'est d'obtenir le privilège, on verra plus tard à l'exploiter. La plupart du temps c'est le candidat le moins digne que l'on choisit, parce que celui-là accepte toutes les conditions du cahier des charges avec la plus grande facilité : rien de plus coulant en affaires que l'homme qui ne risque rien. S'il se présente au contraire un candidat sérieux, connaissant les besoins du Théâtre, il pose ses conditions à M. le maire, fait de fort justes observations ; mais le maire n'étant autorisé par le conseil municipal qu'à disposer d'une somme de..., il ne peut l'augmenter ni rien changer, la subvention ayant été votée sans que le directeur ait été entendu par le conseil municipal et ait pu l'éclairer sur les besoins absolus, sur les ressources réelles du Théâtre.

Ainsi, les villes de second et troisième ordres, telles que Rheims, Amiens, Dijon, Versailles, etc., etc....., qui exigent de l'opéra, donnent de 12 à 15,000 fr. de subvention, sur lesquels il faut payer, selon les habitudes de la localité, le loyer des magasins de décors, peintures, les gages du concierge, des machinistes, les assurances, les impositions, le coût d'enregistrement du privilége, etc..., qui réduisent la subvention de trois mille francs au moins ; le directeur est tenu d'avoir une troupe d'opéra-comique, souvent de grand opéra, drame, comédie, vaudeville.

Les deux ou trois premiers sujets absorbent le reste de la subvention, pour peu que l'on veuille avoir ce que l'on appelle une bonne tête de troupe, et c'est à quoi vise toujours un directeur. Qu'arrive-t-il alors ? C'est que l'administrateur, quelque intelligent qu'il soit, ne peut que ce qu'il peut, et se basant sur la moyenne des recettes faites

depuis long-temps, ne dépasse son budget qu'en compro-
mettant ou sa fortune ou son honneur : de là l'impuis-
sance de faire matériellement ce qui serait utile pour l'in-
térêt de l'art dramatique en France.

L'orchestre est incomplet !... et sans artistes ; il le laisse
ainsi, impuissant à y remédier et forcé de supporter de
faibles amateurs ou les exigences sans nombre de musiciens routiniers, qui s'engagent et ne fournissent jamais
les instruments nécessaires : le hautbois, le basson sont
souvent supprimés, la flûte très faible, à peine quatre vio-
lons passables, les cuivres mauvais ; ou bien l'on a re-
cours à des musiciens de régiment, que leur service em-
pêche souvent d'être exacts, et qui d'un moment à l'autre
peuvent laisser la direction dans l'embarras par le départ
du corps. Voilà la cacophonie à laquelle on condamne le
public ! Quant aux chœurs, les seconds emplois doivent
les chanter, et ne le font pas ou le font mal, accablés d'é-
tudes dans le drame, la comédie et le vaudeville. Restent
huit à dix choristes (quand il y en a), hommes et femmes,
engagés à cet effet, et payés seulement de 50 à 80 fr. par
mois, souvent moins ; le souffrir, c'est de l'inhumanité,
je dirai plus, de l'immoralité ; car, chez les uns, c'est le
vol autorisé, chez les autres, la prostitution consentie ! Ces
malheureux se fatiguent sans pouvoir produire le moindre effet, et nos chefs-d'œuvre deviennent dérisoires et
problématiques. Ajoutons à cela que les décors sont toujours les mêmes, et n'offrent pas la plus petite illusion,
à moins de sacrifices particuliers faits par la direction.

Les accessoires, les meubles, toujours négligés, souvent
ridicules ! et les costumes !... Voilà le Théâtre en province,
voilà ce que j'ai vu depuis dix-huit ans que j'y suis, soit

comme artiste, soit comme directeur. Est-ce là de l'art dramatique? Est-ce là le moyen d'y attirer la société et de faire respecter le temple de Thalie?

Les imperfections que je viens de signaler sont heureusement bien moins sensibles dans nos grandes villes; mais celles-ci gagneraient aussi dans la réforme générale que je sollicite.

Ce qui devrait être.

Chaque chef-lieu de département seul devrait avoir une troupe *complète* d'après un tableau adressé du *ministère d'état* à chaque ville et imposé par *le maire* au directeur. Les chœurs seraient complets et proportionnés en nombre selon l'importance et le cadre du Théâtre; le minimum des appointements serait au moins fixé à 100 fr. par mois pour chacun ; — le tableau de troupe imposé, selon l'importance de la ville, serait également soumis à un tarif régulier que le directeur ne pourrait franchir : ce nouveau mode ferait naturellement tomber les prétentions de certains sujets qui ruinent une administration en s'imposant, et qui sauraient d'avance ce qu'ils doivent gagner dans chaque ville, car il est bien reconnu qu'à part l'artiste parisien qui exceptionnellement fait une recettte, celui qui fait partie de la troupe n'augmente jamais le budget.

L'orchestre devrait être complet et le directeur tenu d'engager ses sujets à Paris, dans le cas où la ville qu'il doit exploiter manquerait d'artistes musiciens; les appointements mensuels seraient de 100 à 150 fr. par mois. De cette façon, que de jeunes élèves du Conservatoire qui végètent à Paris chaque année, qui perdent leur talent à 5 et

10 fr. le cachet dans les bals publics, *après avoir obtenu un premier prix,* trouveraient agréable de recueillir le fruit de leurs études, de se caser en province! que de villes seraient heureuses de posséder des professeurs qui manquent partout, et quel débouché régulier et assuré pour les artistes musiciens! quel bienfait pour la propagation sérieuse de l'art! De là, la possibilité de bons concerts, l'exécution des œuvres de nos grands maîtres, que personne ne connaît plus, et, par conséquent, le but du Conservatoire de musique dignement rempli!

Les troupes de comédie offrent moins de difficultés; cependant à la fin de mon travail j'indiquerai un moyen de former des comédiens dont la province profiterait, et que le temps, les études et la renommée ramèneraient tôt ou tard briller à Paris, lorsqu'ils auraient su se faire remarquer.

Les choses ainsi établies, exigées par le gouvernement pour l'élévation de l'art dramatique en France, ce ne sont plus des subventions déterminées à l'avance qu'il faut, c'est l'appui réel des autorités locales, qui, nommant un contrôleur-général, vérifieraient d'une façon certaine les recettes et les dépenses, et sauraient alors positivement ce qu'ils doivent attendre et exiger d'un administrateur. Il serait urgent que MM. les préfets, les receveurs-généraux, les directeurs des postes, des contributions, MM. les officiers supérieurs, l'armée, etc. etc. etc., enfin, tout ce qui représente, en France, l'administration, la société *rétribuée par l'état,* fussent invités officieusement à avoir leur loge au théâtre ou à s'abonner, et contribuassent ainsi pour leur part à soutenir ce levier commercial si puissant dans chaque cité pour l'industrie et le développement de

l'intelligence. De cette façon, les villes, j'en suis certain,
auraient moins de subventions à donner, ou les dépense-
raient en matériel, tels que décors, accessoires, costumes,
lesquels garantiraient ainsi la mise en scène de chaque
ouvrage mis au répertoire, et resteraient la propriété des
villes, qui, presque toutes déjà, ont senti la nécessité d'a-
cheter leur Théâtre.

La vraie subvention, la meilleure, c'est la participation
de tous! La société entière suivra ses chefs naturels, les no-
tables de chaque cité, et prendra l'habitude du Théâtre,
si ces derniers payent un impôt à l'art dramatique, dont
ils profiteront d'abord, tout en rendant possible une organisation sérieuse, utile à leurs plaisirs, utile à leur pays,
et reconnue comme chose importante et d'utilité publi-
que.

De même aussi que les dépenses seraient fixées au directeur, de même la ville fixerait le prix des abonnements,
dont le directeur ne pourrait s'écarter. De cette façon,
l'administration théâtrale n'aurait plus à entendre des
récriminations qui, formulées par les uns de telle ma-
nière, par les autres différemment, l'embarrassent con-
stamment et gênent la marche de l'opération. Il resterait
évident pour l'administration municipale que pour avoir
une troupe d'opéra-comique il faut une somme de.....;
on ouvrirait alors la liste d'abonnements, et il serait facile
d'apprécier par le chiffre obtenu, si la société désire voir
représenter ce genre de spectacle, et suffit à le rendre
possible ; alors l'opération serait confiée aux soins du
directeur choisi ; dans le cas contraire, une troupe de
drame, comédie, vaudeville serait autorisée ; car, exiger
quand même de l'opéra, ce serait s'exposer à en avoir la

parodie , ou forcer un administrateur à se ruiner ou à
faire faillite, et laisser au milieu de l'hiver cent familles
dans le malheur! la misère!

De la Formation des Comédiens en France.

Il devient très important de s'occuper de la formation
des comédiens en France, et la meilleure preuve de ce que
j'avance, c'est la pénurie d'artistes dans laquelle se trouvent
nos Théâtres. La cause en est facile à apprécier : cela vient
de ce que, sans avoir jamais fait la moindre étude dramatique, le premier venu, qu'un état ou une position
quelconque ennuie, se fait inscrire chez MM. les corres-
pondants de Théâtre établis à Paris, et de là, sans examen
aucun, sans renseignements, est envoyé dans les départements, où il arrive pour exercer un art, tenir un emploi
qu'il n'a jamais étudié!

Ne serait-il pas facile de rétablir le privilége donné an-
ciennement à M. Seveste père, avec des garanties d'exécution? Ce privilége était d'abord *une école* dramatique que
MM. Edmond et Jules Seveste, ses fils, tenaient, il y a
vingt ans, avec le plus grand soin, s'occupant l'un et l'autre de la mise en scène, donnant d'excellents conseils.
Aussi que d'élèves de ce temps-là sont aujourd'hui de
charmants comédiens! Nous citerons MM. Beauvallet,
Bressant, Laferrière, Alcide Touzez, Sainville, Maillard,
Francisque aîné, Tisserand, etc. etc. etc., brillants sur nos
premières scènes parisiennes. Si je me plais à payer à
MM. Jules et Edmond Seveste, qu'une mort prématurée
vient malheureusement d'enlever à l'art dramatique, un
tribut d'éloges pour le passé, il est à regretter que, dans

les dernières années de leur gestion, le but du privilége
n'ait plus été rempli, ce qui depuis long-temps en chan-
geait le caractère et provoquait de justes plaintes de cu-
mul; car ces Théâtres, *fondés dans le principe comme école
dramatique,* ont été livrés à une spéculation impossible,
misérable et sans principes. De pauvres jeunes gens, de
pauvres filles y sont exploités pour rien ou peu de chose,
apprennent en vingt-quatre heures des rôles qu'ils jouent
sans les savoir, devant un public qui, fatigué de sa soirée,
perd chaque jour le goût du spectacle. Voilà ce qui est,
voilà ce qui tue le Théâtre en France; c'est de l'immoralité si non autorisée, du moins tolérée. Il faut que cela
cesse! A la place de ces endroits, que je ne veux pas appeler
Théâtres, réceptacles trop souvent de la paresse et du vice,
d'où sortent de jeunes hommes blasés, des filles perdues, il
faut des écoles pratiques, fondées, autorisées par le gouvernement, sur les Théâtres de la banlieue, avec de bons
régisseurs-généraux, hommes reconnus capables de guider
les jeunes artistes, et Paris, la province s'enrichira chaque
année de jeunes talents qui, guidés au départ, arriveront
en pratiquant, ayant une route tracée. Les directeurs
ainsi ne seraient plus trompés, et le public moins exposé à
des auditions décevantes : car, de même qu'un avocat,
un médecin ne peut être reçu qu'en justifiant de son titre
de bachelier, de même il sera interdit de débuter, soit à
Paris, soit sur les Théâtres des départements, sans un di-
plôme du Conservatoire ou des théâtres-écoles autorisés.
Ceci n'ôte en rien, à mon avis, la liberté de vocation,
ainsi qu'un critique judicieux m'en a fait l'observation,
mais au contraire garantit et protége celle des artistes
dramatiques.

L'organisation générale que je sollicite paraîtra sans doute difficile à exécuter. Il ne faut qu'une chose : en sentir l'utilité, le vouloir ! et j'ai foi dans l'intervention de l'autorité vigoureuse que je sollicite et réclame.

De Moscou l'empereur Napoléon I.ᵉʳ rendait un décret concernant le Théâtre-Français ; en s'occupant des intérêts généraux de la France, Napoléon III sauvera l'art dramatique.

Si j'étais assez heureux pour être entendu, si j'étais appelé par la commission nommée pour étudier la question, je donnerais le plan d'organisation que j'ai conçu, et j'ai le ferme espoir que dans l'avenir je trouverais la récompense de mon projet :

La Régénération de l'Art dramatique en France.

Jules-Henry VACHOT,

Directeur du Théâtre de Versailles.

VERSAILLES. — IMPRIMERIE DE MONTALANT-BOUGLEUX,

6, AVENUE DE SCEAUX.

www.ingramcontent.com/pod-product-compliance
Lightning Source LLC
LaVergne TN
LVHW050244030726
842520LV00006B/2175